RÈGLEMENT

DE

L'AMBULANCE

INTERNATIONALE

DE SAINT-ÉTIENNE

SAINT-ÉTIENNE
IMPRIMERIE DE Vᵉ THÉOLIER ET Cⁱᵉ
Rue Gérentet, 12.

1870

RÈGLEMENT

DE

L'AMBULANCE INTERNATIONALE

DE SAINT-ÉTIENNE

Composition de l'Ambulance.

ART. 1er. — L'Ambulance est divisée en quatre sections, établies ainsi qu'il suit :

1° Service médical ;
2° Service de la pharmacie ;
3° Service des infirmiers ;
4° Service administratif.

ART. 2. — Le personnel de l'Ambulance est réparti dans les divers services de la manière suivante :

A. — Service médical.

Chirurgien en chef: M. le docteur A. RIEMBAULT.
Chirurgiens et médecins: MM. KUHN, BERTRAND-DUTECH.
Aides : MM. JANICOT, Victor PALIARD, FERRARY, BALESTRE, LAURENCY, VERT, DESPINE, PERCEPIED, VERCIN.

B. — Service de la Pharmacie.

Pharmacien en chef: M. PHILIPPON.
Aide : M. DARNE.

C. — Service des Infirmiers

Infirmiers : MM. Ballefin, Richard Benoît, Solélhac, Séchinger, A. Vadon, Montmartin, Méjasson, Chayjez, Vadon, Déchaud, D. Tardy, Brun, B. Jouve,

D. — Service administratif.

Intendant général : M. Desjoyeaux.
Sous-Intendant général : M. A. Ray.
Interprète : M. Hueber.
Aumônier : M. Vial.

Art. 3. — Le personnel pourra être divisé en deux parties, formant deux ambulances, commandées chacune par l'un des chirurgiens en chef, ou en plusieurs escouades destinées à agir isolément, plus ou moins nombreuses suivant les besoins du service.

B. — Attributions.

Art. 4. — La direction générale de l'Ambulance appartient exclusivement au chirurgien en chef, et, à son défaut, au chirurgien en chef adjoint.

Art. 5. — Le personnel de chaque service est dirigé par son chef immédiat ou son adjoint, sous les ordres du chirurgien en chef.

Art. 6. — Les chirurgiens et les médecins assistent le chirurgien en chef dans le traitement chirurgical ou médical des malades, ou dirigent eux-mêmes ce traitement suivant les circonstances et les dispositions prises par le chirurgien en chef.

Art. 7. — Les aides prêtent leur assistance pendant les opérations et exécutent les pansements prescrits par les chirurgiens ou médecins. Tous contribuent indistinctement et à tour de rôle au service des gardes. Dans les cas urgents où le personnel des infirmiers serait insuffisant, les aides peuvent être requis pour contribuer au transport des blessés.

Dans le cas d'insuffisance du personnel des médecins, les aides peuvent être appelés à les suppléer.

Art. 8, — La préparation et la distribution des médicaments, sont faites par l'aide-pharmacien, sous la direction du pharmacien en chef. Aucune autre personne ne peut prendre directement dans l'officine des substances médicamenteuses. Hors les cas de force majeure, elles seront toujours délivrées sur la présentation d'une feuille de prescriptions, signée d'un chirurgien ou d'un médecin, ou contre la remise d'un bon d'urgence, signé par l'aide de garde. L'aide-pharmacien peut être requis pour suppléer à l'insuffisance du personnel des infirmiers.

Art. 9. — Les infirmiers transportent et installent les blessés à l'Ambulance ; ils ont la charge des soins généraux que les blessés réclament ; propreté des locaux et des hommes, couchage, nourriture, tisanes, administration des médicaments, etc. Ils prêtent leur concours pour les opérations et les pansements.

Art. 10. — L'intendant général préside avec le concours de ses aides, à l'administration des deniers : il règle tout ce qui a rapport aux transports, aux vivres, à l'entretien du matériel de l'Ambulance.

Le personnel administratif peut-être requis pour contribuer au service des infirmiers.

Art. 11. — Si, dans les cas de force majeure, des corvées sont nécessaires pour assurer les subsistances de l'Ambulance, le personnel des divers services devra contribuer à ces corvées.

Art. 12. — Tout le monde doit concourir également aux gardes de sûreté qui pourraient être établies pour préserver le matériel de l'Ambulance contre les maraudeurs.

C. — Discipline.

Art. 13. — Tous les membres de l'Ambulance sont astreints à la plus stricte discipline.

Art. 14. — Ils doivent obéissance complète au chirurgien en chef, dont l'autorité est absolue.

Art. 15. — Ils doivent en outre la même obéissance à leurs chefs de service respectif et à toute autre personne à qui ces derniers délèguent régulièrement leur autorité avec l'assentiment du chirurgien en chef.

Art. 16. — En cas de division de l'Ambulance, les divers membres de l'Ambulance doivent obéissance au chef de la section ou de l'escouade.

Art. 17. — Les pénalités consistent dans l'avertissement public et l'exclusion.

Art. 18. — L'avertissement est donné par les chefs de service.

Art. 19. — L'exclusion est prononcée par un conseil de discipline composé de tous les chefs de service, du chirurgien en chef adjoint, du plus âgé des docteurs en médecine et du plus âgé des infirmiers.

Art. 20. — L'exclusion entraîne le retrait du brassard et de tous les insignes qui assurent la neutralité.

Art. 21. — Tout acte formel d'insubordination et d'inconduite grave dûment constaté par le conseil de discipline entraîne de droit l'exclusion.

Art. 22. — Tout acte de négligence dans le service, tout défaut de tenue ou manque de conduite, capable de troubler l'ordre, entraînent l'avertissement; à une deuxième récidive, les délinquants sont conférés au conseil de discipline.

D. — Mesures d'ordre général.

Art. 23. — Toutes les fois que les circonstances le permettront, les chefs de service se rendront chaque jour au quartier général à l'heure fixée par le chirurgien en chef, pour rendre compte de leurs opérations et prendre les ordres de service.

Art. 24. — Un appel fait chaque matin à l'heure de la collation par les chefs de service constatera la présence des hommes sous leurs ordres.

E. — Bagages.

Art. 25. — Les fourgons de l'Ambulance étant exclusivement réservés au service général, les membres de l'Ambulance sont tenus de transporter eux-mêmes leurs bagages personnels. — Il ne sera fait d'exception qu'en faveur des malades et des éclopés.

Art. 26. — Toutefois, eu égard à l'état avancé de la saison, une voiture spéciale recevra de chaque membre de l'Ambulance un paquet formé d'une enveloppe de toile cirée contenant un surtout d'hiver, pardessus, caban, etc.

Art. 27. — Tout membre de l'Ambulance peut avoir un cheval ou un mulet, à la condition qu'il pourvoira à ses frais à la nourriture de l'animal, qui ne sera point prise sur les provisions portées par les fourgons, et qu'il le fournira pour le transport des blessés quand il en sera besoin.

F. — Coucher.

Art. 28. — L'administration ne pouvant garantir des lits aux membres de l'Ambulance, chacun veillera à sa propre installation dans les locaux désignés pour y passer la nuit.

G. — Vivres.

Art. 29. — Tant que la cantine générale de l'Ambulance ne sera pas installée et dans le cas où une partie de l'Ambulance serait trop éloignée du quartier général pour être alimentée par la cantine, une indemnité sera accordée aux membres de l'Ambulance pour pourvoir eux-mêmes à leur nourriture. Le chiffre de cette indemnité, le même pour tous, sera fixé et modifié suivant les circonstances.

Art. 30. — Quand la cantine fonctionnera régulièrement, les repas se composeront autant que possible : 1° de la collation à sept heures du matin ; 2° du déjeûner à onze heures ; 3° du diner à six heures.

Art. 31. — La règle prescripte par l'article précédent ne sera plus applicable quand l'Ambulance fonctionnera sur un champ de bataille, ou dans une période de combats successifs qui nécessiteront l'intervention presque incessante et imprévue du personnel. La cantine restera alors ouverte en permanence au service des membres de l'Ambulance et des blessés.

Art. 32. — L'exactitude aux heures prescrites pour le repas en temps ordinaire est de rigueur. Il n'y aura d'exception que pour les hommes retenus par un service qui ne peut être interrompu.

Art. 33. — Si pendant que la cantine fonctionnera, quelques membres de l'Ambulance peuvent et veulent vivre ailleurs à leurs frais, ils en donneront avis d'avance à l'intendant, pour éviter tout dégat inutile de provisions.

Imprimerie de veuve Théolier et C°.

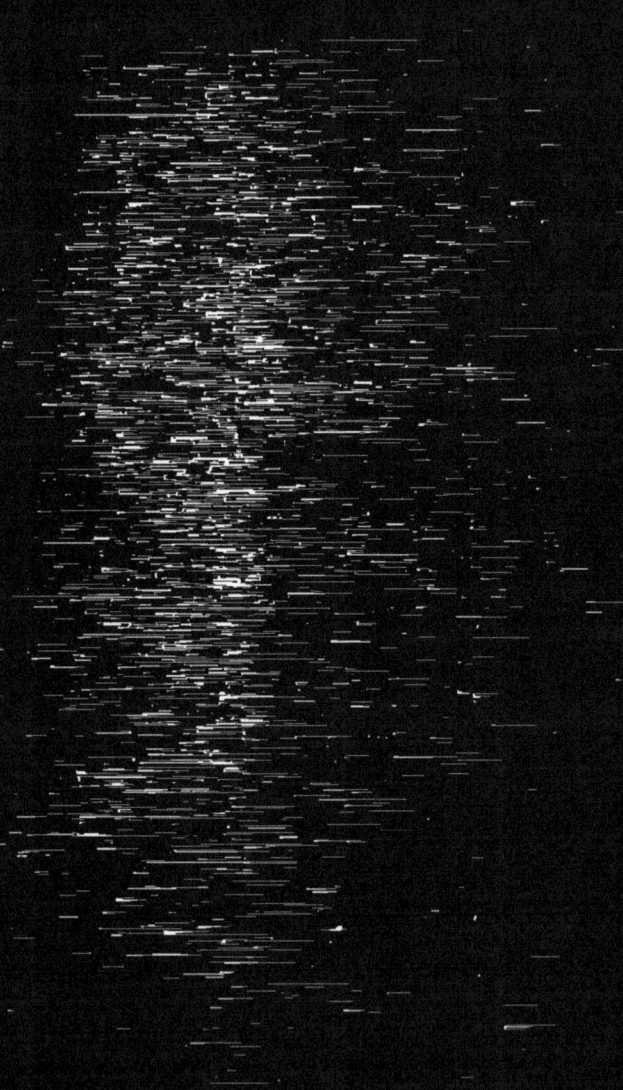

www.ingramcontent.com/pod-product-compliance
Lightning Source LLC
Chambersburg PA
CBHW061615040426
42450CB00010B/2496